PARTO PAVILHÃO

Jhonny Salaberg

PARTO PAVILHÃO

Ilustrações: Isabela Alves

COLEÇÃO
DRAMA-
TURGIA

Cobogó

SUMÁRIO

Do parto ao parto: existe vitória sem liberdade?,
por Juliana Borges   9

PARTO PAVILHÃO   15

Voltando ao ponto de partida,
por Rosangela Salaberg   63

*"Libertei mil escravos. Podia ter libertado outros mil
se eles soubessem que eram escravos."*
Harriet Tubman, 1859

*"Ah, comigo o mundo vai modificar-se.
Não gosto do mundo como ele é."*
Carolina Maria de Jesus, 1960

Do parto ao parto: existe vitória sem liberdade?

Nossa sociedade relaciona a figura materna, em geral, ao sagrado. Algo sublime, de amor incondicional e que, portanto, deve ser protegido, reverenciado e respeitado. Mas essa figura maternal de respeito é estendida a todas as mulheres que passam pela experiência de tornar-se filha e mãe?

Parto Pavilhão traz um joguete com as palavras. De "parto" como substantivo masculino realizamos trajeto de história para "parto" como ação de "partir", como verbo intransitivo e pronominal, uma "fuga de saudade".

Através da personagem de Rose, somos levados a muitos universos de reflexão e de sentido. Quais são as limitações impostas às que querem exercer a maternagem e não podem, mesmo tendo direitos garantidos para esse exercício? Costurando a história e o tempo, a personagem nos apresenta tortura, confinamento, relações de subalternidade, direitos negados, desejo de liberdade e o encontro com ela a partir da cumplicidade entre mulheres que vivem uma realidade de caminhos tortuosos, de precariedades, mas que se agarram à esperança em outros futuros possíveis através de outras gerações.

O Brasil tem a 3ª maior população carcerária do mundo, ficando atrás apenas dos Estados Unidos e da China. No caso do aprisionamento de mulheres, estamos em 4º lugar no ranking de população prisional. Uma questão pouco discutida pela sociedade é a das crianças presas: filhos e filhas de mulheres em situação prisional que vivem em prisões até os seis meses de vida, a despeito de o Código de Processo Penal brasileiro prever que um "juiz pode substituir prisão preventiva pela domiciliar quando a agente for: (...) IV. Gestante; V. Mulher com filho de até 12 (doze) anos de idade incompletos"; e segue no art. 318-A: "a prisão preventiva imposta à mulher gestante ou que for mãe ou responsável por crianças ou pessoas com deficiência será substituída por prisão domiciliar, desde que: I. Não tenha cometido crime com violência ou grave ameaça a pessoa; II. Não tenha cometido o crime contra seu filho ou dependente". Um terço das mulheres em situação prisional não teve julgamento, 68% são negras e mais de 60% delas estão presas por crimes relacionados a drogas e, deste contingente, a maioria não foi presa em situação de violência nem incorrendo em grave ameaça a outrem, tendo em vista que mulheres compõem o "varejo" da economia das drogas ou, em muitos casos, são presas em transporte de substâncias. Então, por que mantê-las em regime fechado? Por que destruir laços afetivos para crimes que poderiam ser solucionados de forma alternativa?

Ao acompanharmos o relato da personagem que nos narra a história, percebemos os meandros de um sistema punitivo constituído por violências psíquicas, atravessando a subjetividade de todas as que estão no pavilhão e explicitando o desumanizar em ação sob cada palavra: seja pela relação de subserviência que Rose se vê obrigada a encenar com a diretora da unidade prisional; seja pelo descaso das agentes penitenciárias em seu parto; seja pela quase ausência de visitas. A desumanização é um processo importante para que tanto quem participa da teia do sistema quanto a sociedade como um todo silenciem sobre o desrespeito aos direitos básicos no cárcere. Não custa repetir: privação de liberdade não é privação de dignidade, apesar dos relatos e condições de vida, trajetórias e cor que levam ao cárcere demonstrem o contrário: a punição é tida como face vingativa, em que criar um filho "por 15 minutos de telefone" por semana não seja visto como uma situação de indignação, se a mãe em questão for uma mulher em situação prisional. Aliás, gênero, como estruturante do cárcere, aprofunda os componentes sádicos da punição ao inserir o elemento moral sob a pena aplicada às mulheres.

Esta história constrói muito bem a metáfora entre futebol, alienação e liberdade. Os acontecimentos se desenvolvem em plena Copa de 1994, sob uma explosão e mobilização nacional ansiosa após 24 anos sem título mundial pelo país. É sob essa atmosfera que o plano perfeito de Rose é executado. Em uma profusão de alegria, descaso, mesversários de crianças presas, uma imagem se forma em cena, de mulheres com seus filhos nos braços fugindo de lobos: o sistema, a sociedade, a negação de direitos. Assim, Rose se regozija e busca construir em nós a empatia necessária para lidarmos com uma das principais engrenagens ativas na manutenção das desigualdades baseadas em hierarquias raciais no país.

A vitória futebolística da nação em festa é confrontada com a realidade que separa mulheres e crianças, já que vitória só pode vir com questionamento sobre o nosso papel na reprodução dessa estrutura de precarização e invisibilidade. Afinal, como falar em democracia em uma nação que trata um grupo sociorracial fundamental para sua existência em inimigos internos? Existe vitória sem liberdade?

Juliana Borges[*]

---

[*] Juliana Borges é escritora e pesquisa Política Criminal. É consultora do Núcleo de Enfrentamento, Monitoramento e Memória de Combate à Violência da OAB-SP e conselheira da Iniciativa Negra por uma Nova Política sobre Drogas. Feminista antipunitivista e antiproibicionista. Autora dos livros *Encarceramento em massa* (Jandaíra, 2019) e *Prisões: espelhos de nós* (Todavia, 2020).

PARTO PAVILHÃO

de **Jhonny Salaberg**

1. INTERROGATÓRIO

Espaço vazio e escuro. Uma cadeira preta no canto esquerdo levemente iluminada. Entra Rose, com o olhar baixo e passos desconfiados, se senta na cadeira e puxa uma corda suspensa do lado direito. Uma lâmpada se acende acima de sua cabeça.

ROSE: Eu já disse que eu não sei de nada, senhor. Eu estava quase dormindo, foi tudo muito rápido. Quer dizer, eu vi um burburinho pelos cantos, mas achei que era... que era... negócios.

Pausa.

ROSE: Sim, negócios. Vocês sabem que a gente troca algumas coisas aqui dentro. E não é uma, duas nem três mulheres, são todas! Vocês sabem disso e nunca reclamam. Ainda mais quando...

Um barulho.

ROSE: Perdão, senhor! [*pausa*] Eu juro que não vi nada. Mas eu queria ter visto. Tem algumas que estavam me devendo um dinheirão das encomendas dos jogos de cela que eu fiz. Safadas! Me deram calote. Eu queria ter visto só pra bater na grade e impedir o cano das larápias[1].

Pausa.

ROSE: Eu sei, senhor, eu sei. Mas o que eu podia fazer se as cretinas aproveitaram o jogo pra dar no pé? Eu não sou guarita, aqui eu sou rata como todo mundo. Ando na roda gigante infinita o dia inteiro e todos os dias sem ver o mundo atrás da gaiola. Eu sou como elas. Quer dizer... era. Agora elas estão na rua e eu tô aqui dentro.

Pausa.

ROSE: Jamais, senhor! Eu não teria coragem de fazer isso. Eu nem saberia sair, ia ficar nervosa e acabar estragando tudo. Imagina ter que atravessar o pavilhão inteiro com um bebê no colo sem fazer barulho? Não... eu não conseguiria fazer isso. Eu fiquei pasma porque algumas ainda estavam com pontos no bucho, não tinham nem uma semana de parto. Como pode? E se a barriga abre no meio do furdunço[2]? Eu não teria coragem!

Pausa.

ROSE: Quantas? [*pausa breve*] Cinquenta... Nossa, é muita gente! E se você contar com os bebês dá quase cem, né? Algumas já estavam sem a cria, já tinham entregado pra família ou pro juizado. Fuga de saudade! É... complicado. Mas eu não aprovo, não, veio pra cá tem que aguentar o B.O. O bebê não tem culpa, né, tem que ir embora depois de um tempo. Mas as cadelas têm que pagar a dívida. O bom é que agora vai ter mais espaço [*ri, mas logo fica sem jeito pela piada*]. Perdão, senhor! Posso ir agora?

Pausa.

ROSE: Sim, senhor, eu já estava indo dormir. Foi à noite, acredito que por volta das nove e meia...

Um efeito sonoro toma conta da cena, encobrindo o som da voz de Rose, que se levanta da cadeira e chega até o proscênio.

ROSE: E foi assim que eu fiquei falando por pelo menos uma hora sem parar, respondendo às mesmas perguntas um milhão de vezes. O guarda me olhava estranho: canto de visão, olhos espremidos, como se eu fosse o Robin Hood brasileiro dentro de uma cadeia de mulheres. Quer dizer, mesmo que eu estivesse falando a verdade, ele ainda não acreditaria, seria capaz de me sentenciar novamente pelo meu plano ultrassecreto de fuga máxima. [*risos*] A verdade é que não sei de onde tirei tanta abobrinha. Eu deveria ser atriz. Sim, atriz! Afinal de contas, eu não menti só hoje, eu minto a minha vida inteira. Eu vivo uma mentira colada em mim como o papel de uma personagem que me forçaram a interpretar. Esta aqui. O guarda não imagina que por trás das minhas palavras de defesa existem pensamentos de vingança. Eu fico sentada naquela cadeira dias a fio, respondendo às mesmas perguntas, reagindo da mesma forma com todos os guardas que me interrogam. Às vezes eu trago umas peças de tricô pra adiantar o serviço, não posso perder tempo. Como eu sou obediente aqui dentro, eles deixam eu costurar a minha invenção. Dou um ponto de certeza aqui, faço um nó de dúvida ali, puxo um fio de empatia acolá... Foi difícil, mas eu consegui. Cinquenta mulheres estão livres, cinquenta mães estão libertas, tiveram um caminho diferente do meu. E eu... permaneço. Foi uma noite memorável, de entrar pra história.

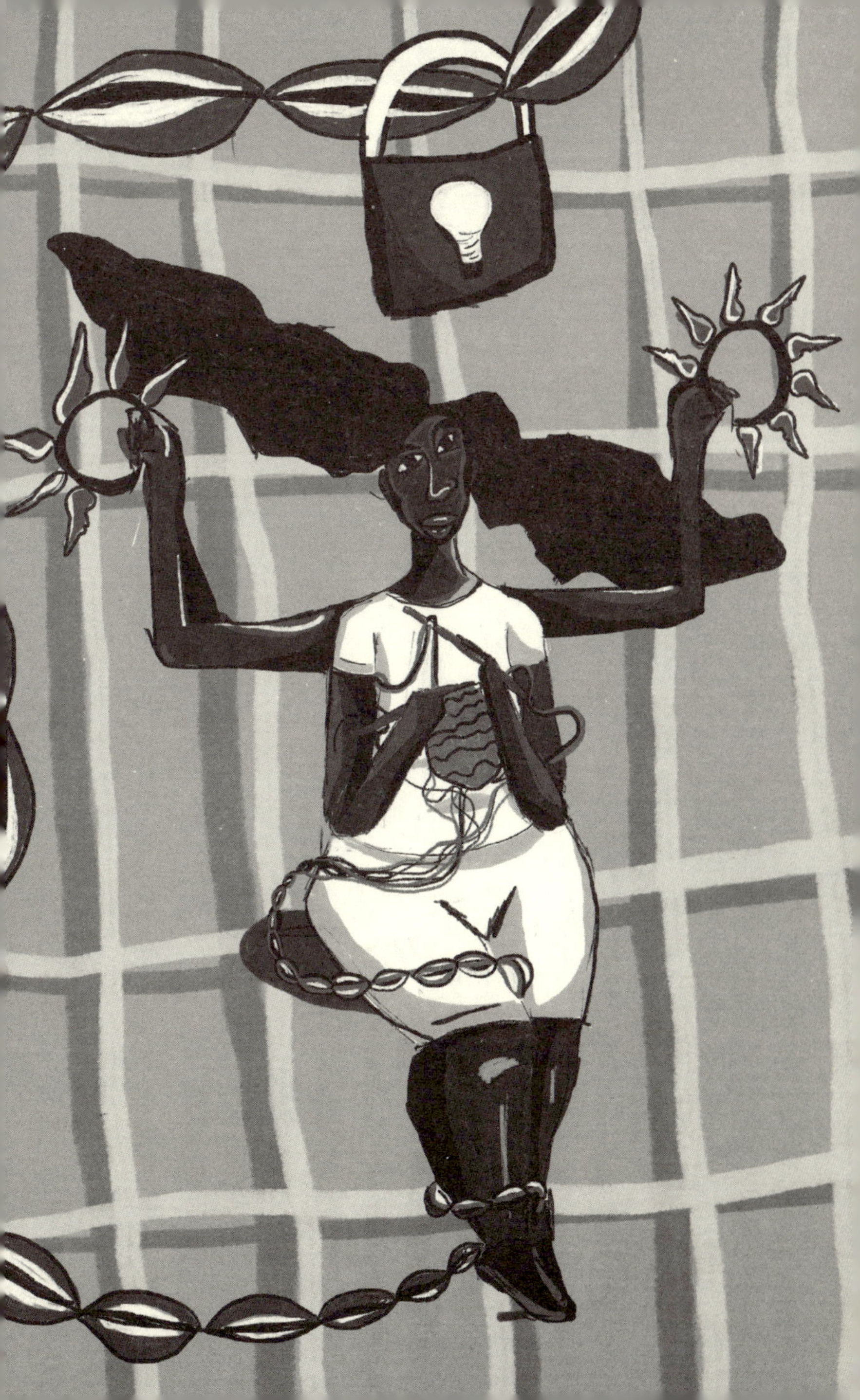

PRIMEIRO TEMPO

2. DONA GLÓRIA

Espaço iluminado. Rose senta-se em uma cadeira vermelha em frente a uma mesa cheia de papéis, pastas, carimbos, canetas, esmaltes e algodão. Tira agulhas de tricô e uma touca de lã vermelha inacabada de baixo da mesa e tricota por um tempo.

ROSE: Já no fim do dia, perto do Brasil entrar em campo, Dona Glória me chama pra conversar em sua sala e preparar mais um café. Dona Glória gosta tanto do meu café e da minha companhia que me chama sempre que pode. Naquele dia teve jogo da Copa do Mundo, seleção brasileira na semifinal, uma disputa a-cir-ra-dís-si-ma! Mas Dona Glória não quis saber. Tirou os sapatos, abriu a bolsa e reuniu todos os objetos de unha que usaria. Eu sou a pessoa preferida da Dona Glória aqui dentro. Toda segunda, quarta e sexta, quando termino minhas obrigações no segundo pavilhão, corro pro corredor e fico esperando ela me chamar pra entrar. Eu sou a escolhida pra sentar na cadeira de couro vermelho da "Diretora do Presídio". Entre vidros de esmalte pela metade, alicates desgastados, pacotes de algodão, agulhas e lã de tricô, conversamos sobre a vida, os filhos, os sonhos e os maridos que foram embora. Já passa das sete horas da noite e Dona Glória não chegou nem na metade de sua longa história sobre o terceiro marido que a deixou sozinha no altar com um buquê de girassóis e quatro prestações de um fogão de seis bocas. Eu escuto as histórias revezando minhas mãos entre o esmalte e o tricô. Eu conheço todas as histórias de Dona Glória, dos pés à cabeça e de frente pra trás. Ela me conta sempre as mesmas histórias, mudando o tema de semana em semana. Semana passada falava sobre seus filhos. Nessa, fala sobre seus maridos. Pelas minhas contas faltam apenas duas histórias pra acabar a contação da semana. Olho pras minhas mãos e observo que faltam também duas voltas no tricô pra acabar uma touca vermelha que estou fazendo pro bebê da Fátima que acabou de nascer. Fátima mora na mesma cela que eu, chegou há pouco tempo com o recém-nascido. Um bebezinho lindo, pequeno e indefeso. O jogo começa e cornetas escandalosas ecoam do lado de fora do presídio. Eu equilibro a feitura dos pontos do tricô com as histórias, pra que tudo acabe junto. A cada ponto de abandono de Dona Glória, a reviravolta se faz no tricô. Faço um pedaço e desmancho um outro tanto.

Rose se afasta da mesa e continua tricotando olhando para ela.

ROSE: Na mesa há algumas fichas de detentas catalogadas com números de 1 a 68. Me ajeito na cadeira pra posicionar as agulhas de tricô na direção das fichas a ponto de olhar os papéis e a lã ao mesmo tempo. Num átimo de segundo, enquanto Dona Glória procura um esmalte de cor beterraba, observo a ficha de número 36 com a foto da Fátima. Revezo o olho com a boca, instigando Dona Glória a continuar procurando pelo esmalte. Volto pro tricô, depois pro relógio e depois pra água do café que está fervendo. Dona Glória finalmente encontra o esmalte. Me levanto, vou até o fogão portátil que está em cima da pequena pia e olho através do vitrô. É possível ver o pátio, as fraldas de pano penduradas nos varais do terceiro andar e ouvir choros e risadas finas. O Brasil faz gol e fogos de artifício ecoam do lado de fora do presídio. Me lembro do combinado e sinto medo, mas não posso desistir agora. Não posso dar um passo pra trás, preciso fazer o que planejei. Fecho o vitrô e passo o café em duas xícaras. O calor que sai delas sobe pelo meu rosto, me fazendo suar. Dona Glória pinta as unhas com esmalte vermelho e deixa uma gota cair em uma das fichas que está na mesa.

3. FLAGRANTE

Rose segura uma bolsa jeans de viagem.

ROSE: Me lembrei de como vim parar aqui. Conheço muro alto como esse desde a adolescência. Meio menina, meio mulher, era pra essas bandas que eu vinha todo fim de semana. Lá no presídio masculino a fila era imensa, uma carriola de gente cheia de bolsas e vasilhas, sentada no meio-fio. Quem não chegasse cedo corria o risco de não entrar e perder o dia todinho. Por isso eu amarrava minhas sacolas, abria minha coberta e dormia na fila. Já perdi as contas de quantas vezes eu fiz isso. Eu fui tantas vezes que a atendente da portaria decorou meu nome completo. É, eu ia todo fim de semana. E ia com vontade. Fazer visita não é uma coisa fácil, tem que ter tempo e disposição, muita disposição. Ele, o motivo das minhas visitas, estava em prisão provisória quando eu engravidei da nossa filha, a Julia. Pegava a fila com barrigão, sol e chuva. Levava comida, cigarro e amor. Eu estava completamente apaixonada por ele e tinha certeza de que ele ia sair e me ajudar a cuidar da menina. Mas ele não saiu. Foi sentenciado e trancado. Eu levava a menina todo fim de semana pra visitar o pai. Dormia na fila, fazia a revista e passava o dia inteiro no pátio deitada na toalha de mesa transparente que eu levava pro piquenique. E assim foi durante um bom tempo até eu engravidar novamente em uma das visitas íntimas. E tudo de novo: barrigão, jumbo[3], fila, sol, chuva, revista e piquenique. Eu já estava me acostumando com aquela vida, até que ele me fez uma proposta.

Deixa a bolsa cair no chão.

ROSE: Pediu pra eu levar uma encomenda pra ele dentro da cadeia. Disse que tinha que pagar algumas dívidas e precisava da minha ajuda, mas teria que levar bem escondido pra não correr o risco de ser descoberta. Eu não podia esconder no jumbo porque todas as vasilhas eram transparentes e as comidas eram abertas. Eu não podia esconder nos maços de cigarro, já que todo pacote era milimetricamente revistado junto com os sabonetes, pastas de dente e papel higiênico, com todas as embalagens abertas. Eu não podia esconder na minha roupa porque eu era obrigada a tirar, chacoalhar e agachar sete vezes em cima de um espelho completamente nua. Só restava meu corpo: preto, grávido e cheio de leite. Eu não queria fazer aquilo, eu já tinha visto várias mulheres rodarem na revista e eu precisava cuidar da minha filha. Mas aí ele implorou e disse que era caso de vida ou morte. Então eu aceitei. Mergulhei a encomenda dentro de mim e fui pra visita.

Pega a bolsa do chão.

ROSE: Eu não sabia conter meu nervosismo, estava na fila com minha filha, grávida do segundo, carregando uma sacola imensa de jumbo e suando debaixo do sol quente. Eu me senti uma terrorista na fila de um banco pronta pra assaltar o cofre. Entrei na portaria, entreguei meus documentos e a sacola de jumbo. Uma guarda alta, que eu nunca tinha visto por ali, me chamou pra sala de revista. Tirei minhas roupas e fiz o protocolo.

Rose faz sete agachamentos sobre um espelho enquanto narra.

1

Eu não posso ser pega de jeito nenhum!
Quem vai cuidar da minha filha?

2

Eu não sei por que eu estou fazendo isso, é
muito perigoso! Por que eu aceitei fazer isso?

3

Eu devia ter desistido e pegado o ônibus de
volta. Eu não devia ter entrado aqui. Eu não
devia ter colocado isso dentro de mim.

4

O que vai ser do meu filho que ainda nem nasceu?
O que vai ser da minha filha que tá lá fora?

5

Eu não posso ser presa. Eu preciso voltar
pra casa. Eu tenho uma vida pra construir.

6

O que minha família vai pensar de mim?
O que meus amigos vão falar de mim?
Eu não posso acabar com a minha vida assim.

7

Eu juro que se eu passar dessa, eu nunca
mais vou fazer isso. É a primeira e última vez.

Rose levanta-se lenta e silenciosamente.

ROSE: Eu fiquei olhando pro chão durante um tempo enquanto a guarda me olhava desconfiada. Foram segundos que duraram horas. Comecei a me vestir quando ela disse: "Tosse!" Eu fiquei paralisada. Não conseguia me mexer. Foi como se tivesse aberto um abismo embaixo dos meus pés. Eu não sabia o que fazer. [*pausa*] A guarda continuou me olhando e disse: "Agacha e tosse!"

Rose agacha sobre o espelho e tosse. Breu.

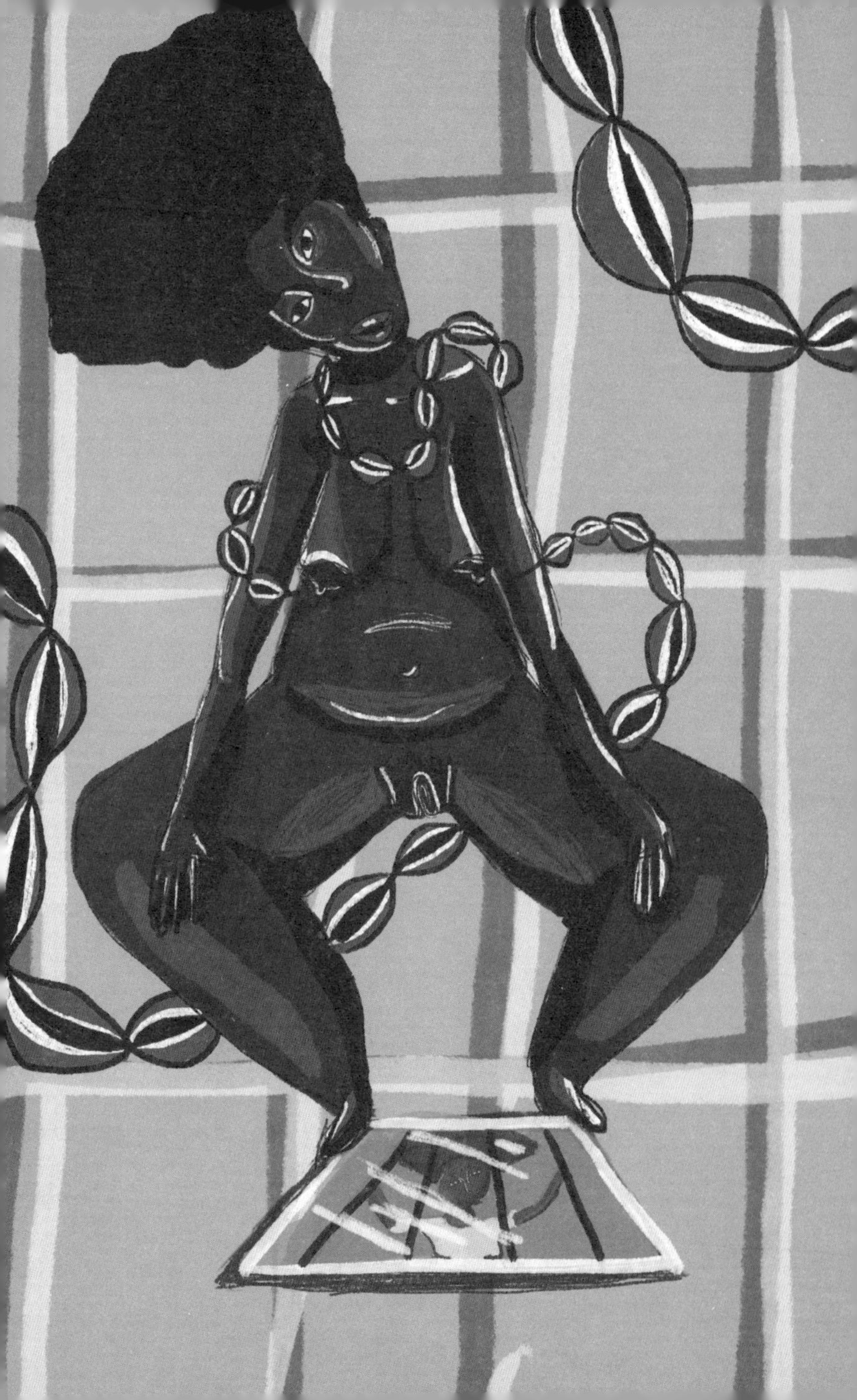

4. MESVERSÁRIOS

Rose é vista sentada na cadeira vermelha.

ROSE: Fui presa. Sentenciada a nove anos e seis meses por associação ao tráfico de drogas, o famoso 35 do Código Penal. Minha filha foi morar com a minha mãe e eu vim parar nesse corró[4] com um barrigão, prestes a parir. Entrei só com a roupa do corpo. Me deram um número de matrícula e me jogaram numa cela. E aqui eu fiquei, sem sol e sem visita, esperando...

Longa pausa. Rose tira um fogo de artifício de baixo da mesa, acende e estoura. Pega a touca de lã e volta a tricotar.

ROSE: [*empolgada*] Mais um gol do Brasil! A seleção segue na frente disparada. A torcida vai à loucura! [*ri*] Os fogos de artifício do lado de fora do presídio geram um burburinho nas celas. Dona Glória diz que não via jogos assim desde a década passada. Já passa das oito horas da noite. Peço licença a Dona Glória pra ir ao banheiro. Abro a porta da sala e cumprimento a guarda que está do lado de fora. Ela já me conhece, mas finge que não. Sigo por um corredor até chegar no banheiro sem placa de feminino ou masculino. Sento no vaso e ouço o barulho da festa de mesversário da filha da Márcia. Eu não pude ir porque tinha marcado com a Dona Glória, mesmo me arrependendo profundamente. Aqui todas as detentas fazem festa de mesversário de seus filhos, do primeiro ao sexto mês de vida. Bexigas nos ferros e nos tetos, bolos de chocolate com granulado colorido e escritos de "parabéns" nas paredes forram a alegria e o desconforto das mães. Pelo menos uma vez por semana tem uma festa de mesversário dos recém-chegados. Às vezes longe, outras perto da despedida. Eu continuo sentada no vaso ouvindo os parabéns, lembrando dos tempos sem festa em que eu vivi. Por aqui sou matriarca, ave maria, cadela de oito tetas. Aqui eu sou aquela que jaz filho, jaz filha, e que agora ajuda a cuidar da nova geração. Sou mãe de dois filhos, mas não cuido de nenhum, e sim dos que aqui chegam e daqui saem. Ajudo a cuidar das recém-chegadas a esse mundo que geram um outro mundo dentro delas. Ajudo as passarinhas a botar leite na boca de seus filhotes, dar banho, trocar fralda e amenizar as cólicas. Até na dolorosa despedida dou meus conselhos. Afinal, já fui uma delas. Os fios de placenta dos pequenos umbigos não saem da parede ao lado da minha cama.

Pausa.

ROSE: Saio do banheiro e vejo a Fátima do outro lado do pátio andando de forma ríspida e ligeira. Ela me olha rapidamente e sobe as escadas. Eu sigo pra sala da Dona Glória repassando na minha cabeça todos os passos acordados pra noite de hoje. Andando no enorme corredor, vou ensaiando expressões que possam transparecer calma e tranquilidade no cotidiano de um dia comum. Chego na porta e a guarda não está lá. Entro na sala e Dona Glória está falando no telefone com os pés na mesa, gargalhando alto. Eu ensaio sair, mas ela me chama pra dentro. Entro e continuo tricotando a touca. Dona Glória repete as mesmas histórias que me contou. A cada ponto no tricô, a reviravolta se faz novamente nos abandonos. A xícara de Dona Glória está vazia e a minha está morna. Os minutos passam na sala a ponto de se ouvir o fim da festa de mesversário, todas as histórias de Dona Glória pro telefone e os fogos de artifício que se manifestam do lado de fora do presídio. O Brasil fez mais um gol! Dona Glória não nota nenhum som externo ou interno, está totalmente imersa em sua própria narração. Já passa das nove horas da noite e falta apenas um ponto pra eu terminar a pequena touca de lã mais grossa que a borda da xícara fria. Comparo os dois tamanhos enquanto Dona Glória se despede no telefone, olhando pro relógio e guardando os vidros de esmalte na bolsa. Arruma as coisas dizendo que precisa pegar o último ônibus no terminal. Eu enrolo o resto de lã no novelo e coloco dentro da touca. Antes de sair, coloco as xícaras dentro da pia e observo pelo vitrô: o pavilhão está quieto! Dona Glória sai da sala pegando a chave na bolsa. Aproveito o barulho de sinos, pego o molho de chaves que está atrás da porta e guardo dentro da touca. Dona Glória apaga a luz da sala e tranca. Olha pro pavilhão com um ar de satisfação: "Até segunda-feira, Rose!"

5. PARTO

Rose segura um novelo grande de lã vermelha em frente ao corpo, com as mãos algemadas.

ROSE: A última vez que vi o pavilhão quieto, eu estava grávida do Bruno, meu filho. Barrigão, cela, leite e ferro. Sem pré-natal! Recém-detida, pensando em como a minha filha estava lá fora. Semanas de solidão. [*pausa*] Até que minha bolsa estourou!

Vira o novelo.

ROSE: Eu comecei a gritar, mas ninguém me ouvia. As mulheres do mesmo pavilhão batiam canecas de ferro nas grades das celas, mas ninguém ouvia. Eu estava com medo do meu filho nascer naquele chão gelado. Eu não queria que ele viesse ao mundo dentro desse lugar, preso igual a mim. Eu queria abrir minha barriga e soltar ele feito uma borboleta. Queria que meu filho voasse pra longe daqui e quem sabe, um dia, viesse me buscar. O menino estava nascendo e eu não sabia o que fazer. As mulheres continuavam batendo as canecas nas grades da cela. Uma guarda apareceu e disse pra eu me deitar que logo a dor passava. Eu pedia pra ela me ajudar, mas ela achava que era exagero, que eu estava inventando só pra sair daquele buraco. Eu gemia de dor enquanto a guarda me olhava atrás das grades. Em uma das contrações, a cabeça do bebê apareceu.

Puxa vagarosamente o fio do novelo com as mãos algemadas.

ROSE: Assustada, a guarda abriu a cela e me levou ao hospital. Eu não sabia se ia dar tempo de chegar, meu filho escorregava pra fora de mim no banco apertado da viatura. Chegando no hospital, me colocaram em cima de uma maca e algemaram as minhas mãos e as minhas pernas. [*ofegante*] O médico me olhava e me pedia pra empurrar, mas minhas pernas não abriam o suficiente. Eu estava algemada. O médico pedia pra eu empurrar, mas eu estava algemada. Meu filho chorava com metade do corpo pra fora, eu não conseguia abrir as pernas. Eu estava algemada. Busquei toda a força que tinha e empurrei meu filho pra fora de mim. [*pausa*] Meu filho nasceu! Liberaram minhas mãos, embalaram ele em um tecido e me entregaram. Minhas pernas continuaram algemadas. Chorei a noite inteira.

Breu.

Rose é vista algemada na cadeira preta olhando o novelo de lã que está em cima da mesa.

ROSE: No outro dia meu filho estava num berço ao meu lado. Eu tentava pegar ele, mas eu ainda estava com as pernas algemadas. Eu tinha medo de machucar aquela parte tão pequena de mim. Eu tentava pegar meu filho, mas eu ainda estava algemada. Eu não podia fazer nada. Eu não amamentava, eu não dava banho, eu não abraçava meu filho. Eu estava algemada.

Longa pausa. Ela abre as algemas.

ROSE: Depois de três dias, fomos encaminhados pra cá, a ala das mães. Eu e meu filho choramos durante dias, ele de cólica e eu de angústia. Eu não aguentava ver meu filho dentro da cela sem ver o mundo. O menino precisava de céu e aqui só tem ferro. Um dia, depois de mamar e arrotar, deitei ele na cama. Depois de um tempo notei que ele não se movia, não respirava, sua cor começou a mudar, e mais uma vez eu entrei em desespero. Comecei a bater na grade da cela chamando as guardas, mas ninguém me ouvia. Meu filho não respirava. Eu gritava por socorro enquanto as outras mães batiam nas grades e portas. Meu filho não respirava. Eu chorava sem saber o que fazer, eu não podia deixar meu filho morrer aqui dentro. Meu filho não respirava. Peguei o menino, levantei pro alto e comecei a sacudir. As mulheres batiam as canecas nas grades das celas. Continuei sacudindo meu filho por um tempo, quando ele voltou a respirar e chorar. Chorei mais ainda. Deitei na cama e coloquei pra dormir. Eu não preguei o olho aquela semana.

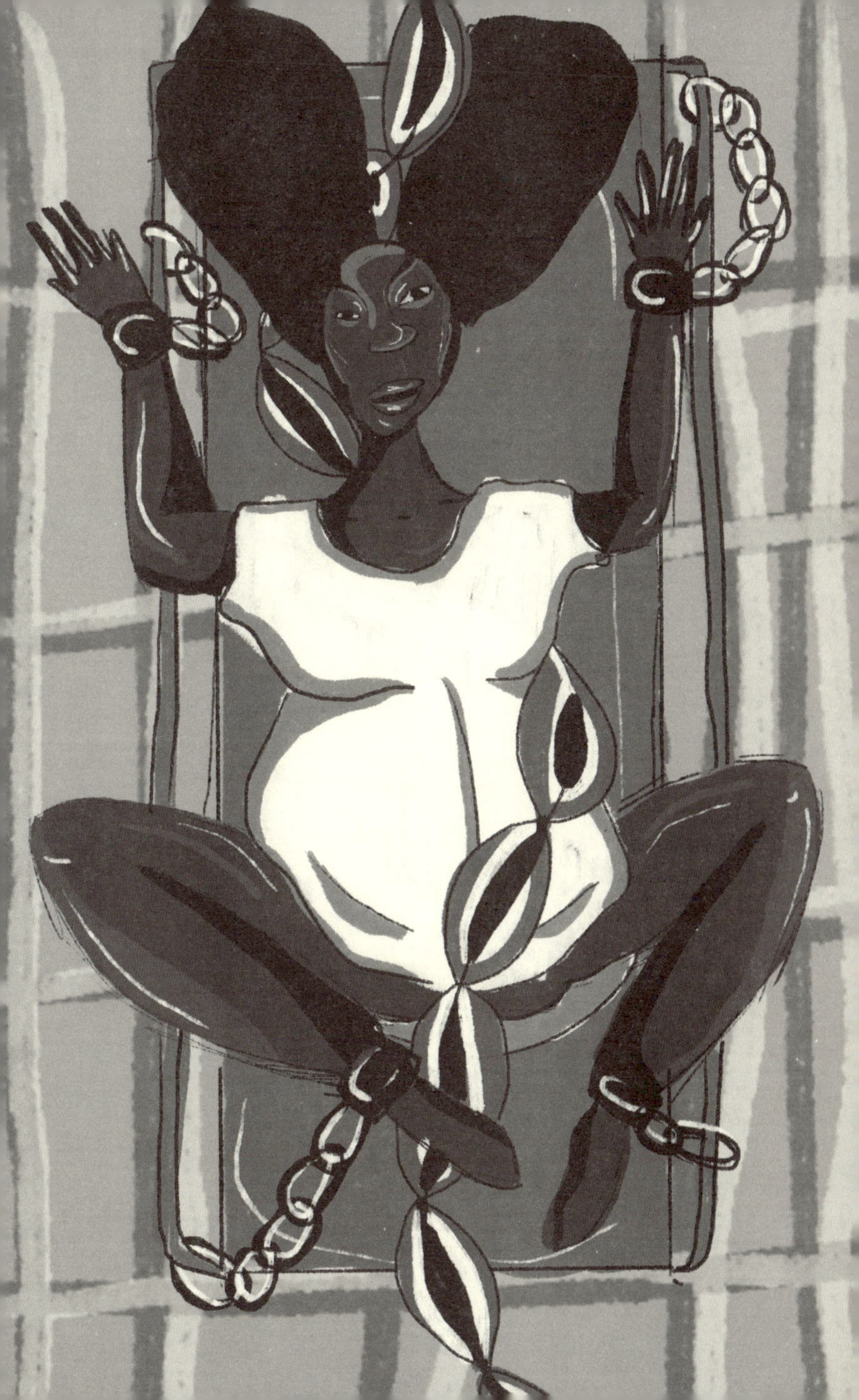

SEGUNDO TEMPO

6. PAVILHÃO

Rose tricota a touca de lã.

ROSE: Dona Glória foi embora, a festa de mesversário terminou e eu estou com as chaves do portão. Eu preciso seguir o combinado. Atravesso o pavilhão gelado, o frio chegou junto com as horas. Sigo pra minha cela tentando manter o coração quieto dentro do peito. Lembro do meu filho engatinhando no desenho da bandeira do Brasil já desgastado do chão do pátio e sorrio pras colunas. Às vezes acho que sou doida, ou ao menos que estou ficando em parcelas, em anos. Chego na cela e Fátima alimenta a cria deitada na cama com o seio esquerdo de fora. Ao lado, uma bolsa de enxoval azul abarrotada de fraldas, cobertor e roupas dos dois. Nada digo, subo no beliche, tiro as chaves de dentro da touca com cuidado e continuo a tricotar. Fátima canta uma música de ninar e eu coreografo minhas mãos a cada dobra de melodia, de ponto em ponto, tricotando as voltas da touca de lã. Finalizo o serviço e agarro a touca em meu peito. Adormeço como um canavieiro que dorme em cima da cana-de-açúcar. Sonho com meus umbigos livres, leves e soltos num campo verde, cheio de árvores grandes. Telefones coloridos pendurados nas árvores tocam sem parar, eu corro e tento atender a todos que posso. São muitos: grandes, pequenos, gordos e magros. Sinto um amor enorme por todos eles, meus umbigos e os telefones. A última vez que vi meus umbigos, eles eram muito pequenos, quase que semente, feijão, fiapo de cabelo. Agora estão grandes, mas não vejo olhos, boca, nariz, orelha de nenhum. Há uma grande nuvem embasada em seus rostos. Mas eu os amo mesmo assim, sem o DNA--espelho da função mãe de que fui empregada. Os telefones continuam tocando e eu corro pra atender. Quando finalmente consigo atender um deles, acordo com a Fátima batendo no estrado da minha cama do lado de baixo do beliche. Olho pra baixo e ela me fita com tanta certeza no fundo dos olhos que sinto que entrou dentro de mim. Chegou a hora! Entrego a touca com o molho de chaves dentro e observo ela cruzar a cela lentamente com o bebê em um braço e a bolsa no outro. Fátima me olha e espreme os olhos, me lembrando do combinado.

Já passa das nove horas e o pavilhão sopra um silêncio ensurdecedor. O jogo virou e as seleções estão empatadas. Todos os guardas do pavilhão estão nos cantos, ouvindo o jogo no rádio com fones de ouvido. A tensão está no ar! Mas o combinado segue firme e forte. No fundo, escondido dos olhos e orelhas, em códigos escritos em fraldas e mamadeiras, todas as mães sabem que Fátima se vai hoje. Todas fazem o mínimo de silêncio pra que tudo saia como o combinado. Todas as mães colocam seus bebês pra dormir no mesmo horário e acordar na hora certa. Tudo está detalhadamente planejado. Deitada na cama, olho pro teto apreensiva, tomando cuidado pra não adormecer ou deixar que os meus pensamentos façam festa em minha cabeça. Preciso ouvir o estalar das chaves do portão de trás, esse é o sinal da noite! Enquanto isso, tento me lembrar de coisas que me fazem feliz, como os telefonemas de 15 minutos que faço pros meus filhos toda semana. Eu vi meus filhos crescerem pelo telefone. Vi, não, ouvi. Das existências, agora conheço somente a voz. Eu cuido dos meus filhos por telefone. Ouço suas pernas sonoras esticarem e suas liberdades aflorarem. Ouvi a gargalhada do menino aos 2 anos de idade, o abecedário da menina aos 4 e a gripe dos dois no último Natal. Mas foi no mês passado que ouvi a profusão com as sílabas ao dizerem "saudade". Senti o tempo pesar sobre minhas orelhas. "Saudade só existe aqui, né, mãe? Só a gente tem saudade e ninguém mais", disse a Júlia sobre o dever de casa, me ensinando que a palavra saudade só existe em português. Mas a saudade também tem no meu coração, língua estrangeira do pavilhão. Meus filhos foram embora sem data, e eu aqui datada e presa. Toda semana eu aguardo ansiosamente os meus 15 minutos de telefone pra ir ao parque, à escola, à casa da avó materna e da avó paterna. Grudada no telefone, também cuido da nossa casa, faço comida, dou banho e ajudo com os deveres de casa. Tudo em 15 minutos! Parece pouco, mas aqui dentro é muito. Aqui o tempo é outro, as mães são abandonadas e tratadas feito bicho perigoso. Sem direito a muita defesa e choro de socorro, são encadeadas ainda grávidas e transportadas pra penitenciária. Aqui dão à luz, dão amor, peito e banho de sol em seus bebês perto das quatro horas da tarde. Isso dura somente seis meses, depois são obrigadas a entregar seus pacotinhos pra família ou pro juizado de menores.

7. BRUNO SE FOI

Rose brinca com um novelo grande de lã vermelha.

ROSE: Um dia eu estava no pátio do pavilhão, em cima de um desenho da bandeira do Brasil, brincando com o Bruno. Meu filho. Ele já tinha dentinho saindo da gengiva. Dona Glória me chamou pra conversar em sua sala. Eu estava tão mergulhada no meu filho que nem vi o tempo passar. Mas passou. Seis meses de cela e leite. Dona Glória pediu pra eu sentar e ouvir o que ela ia me dizer. Primeiro ela me perguntou se ele já tinha melhorado das cólicas noturnas. Eu disse que sim, que o curei com uma receita caseira que aprendi com a minha mãe e fazia na Júlia, minha filha mais velha. Ela ficou feliz, sorriu pra mim com uma sinceridade tão grande que eu me espantei. Tamanha simpatia. Daí tirou da bolsa um macacãozinho com orelhinhas na touca. Era o tamanho certinho dele, não sei como ela sabia. Agradeci imaginando o Bruno vestido com ele. Eu sorri também. Fiquei olhando o macacão quando ela colocou um papel na minha frente. Disse que era a formalização do desligamento do meu filho. Parei de sorrir. Ela disse pra eu não me preocupar porque meu filho iria ficar seguro morando com a mãe do pai dele, a avó paterna. Disse que tentou contato com a minha família, mas nada. Ninguém deu notícias. Ninguém quase nunca vem na visita, eu vejo minha filha uma vez na vida e outra na morte. Imagina minha família ter que cuidar de outra criança e trazer aqui? Não, jamais! A única saída foi a avó paterna. Dona Glória me disse que a guarda de Bruno ficaria com ela provisoriamente e que, assim que eu cumprisse minha pena, teria a guarda definitiva. Eu não sabia o que responder, uma tristeza tomou conta de mim em segundos. Dobrei o macacãozinho e o coloquei entre meus braços cruzados. Já não bastava ficar longe da minha filha, agora tirariam meu filho de mim. Mais uma vez! Assinei o papel e fui direto pra cela. Passei a semana inteira organizando a festinha de mesversário do Bruno com fitinhas, bexigas e bolo de chocolate que encomendei com as boieiras[5]. As meninas me ajudaram na organização. Cantamos parabéns, dançamos e beijamos nossas crias o tempo inteiro. Altas gargalhadas de histórias fora da cadeia e planos pros filhos no futuro. Aquele foi o último dia que vi meu filho. [*pausa*] Pela manhã arrumei todas as coisinhas dele, montei a bolsa de viagem, dei um banho bem cheiroso e fui pra sala de espera. Dei o último peito, demorado e dolorido. Chorei rios. A avó paterna chegou e eu entreguei meu filho. Fecha portão. Aperta coração. Olhos que vazam segundos, minutos, horas e anos sem meus filhos nos meus braços. Eu via as mães emudecerem mês após mês, sentindo o cheiro da despedida. Olhava as cenas se repetirem todo mês, do mesmo modo como eu vivi. Os umbigos que daqui são arrancados, muitas das vezes, são colocados pra adoção sem que suas mães saibam. Sem família pra cuidar, são espalhados pelo mundo. Dos meus, uma fui obrigada a abandonar e o outro entreguei aos seis meses de vida. Chorei desde o nascimento. Tentava não criar afeto pelo feto que ali crescia, mas quanto mais eu insistia, mais amor eu tinha pela cria. Foram meses de solidão e anos de morte congelada. Mas cuidei do meu filho aqui dentro com muito capricho! De tanta experiência, me solicitaram ficar aqui e ajudar as outras mães, doar conhecimento a quem não tinha. Virei estagiária de xadrez, mas aqui sou peão e nunca rainha. Depois disso, eu senti que devia fazer alguma coisa. Queria mudar o roteiro das cenas, trocar o final, jogar sorriso na boca das mães. Um dia eu evitaria o vazamento das lágrimas e do leite.

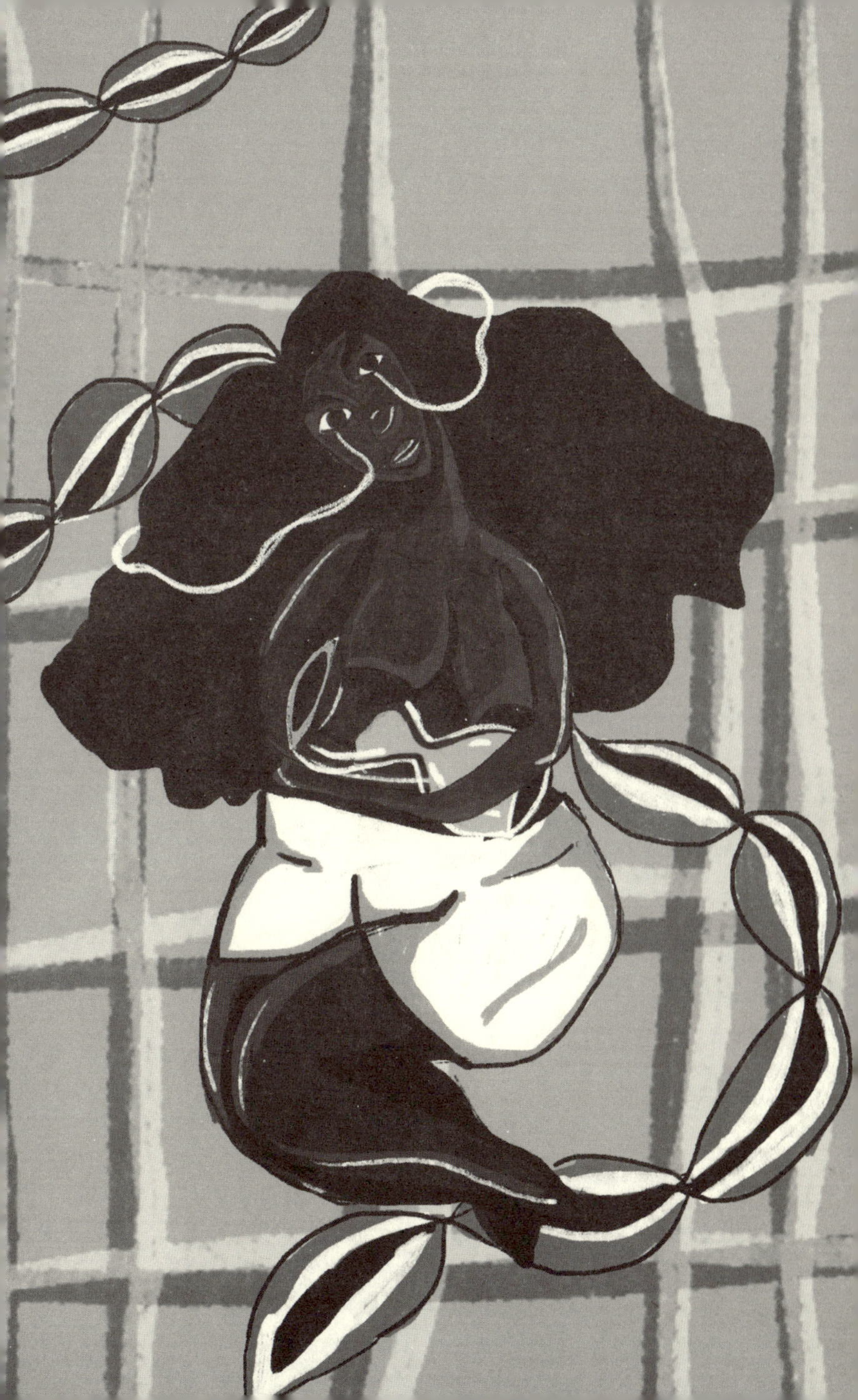

8. AS MULHERES QUE FOGEM DOS LOBOS

Rose senta-se na mesa.

ROSE: Eu continuo na cela, apreensiva, esperando o sinal da noite. Sinto a respiração de todas as mulheres do pavilhão. Estamos conectadas pelo medo e pela coragem. As mulheres sabem o preço de um erro aqui dentro, qualquer deslize pode interferir no futuro de seus filhos, irreparavelmente. O tempo do jogo termina e as seleções seguem empatadas. Haverá prorrogação! Os guardas continuam ouvindo o jogo nos fones de ouvido pelos cantos do pavilhão. A tensão continua. Eu já pensei tanto nos meus filhos que criei um álbum de fotos que nunca tiramos em minha cabeça. Depois de vinte minutos olhando pro teto, ouço o estalar das chaves de Fátima. Esse é o sinal! Chegou a hora! Num sobressalto, pulo da cama e começo a cantar uma música tão alto, mas tão alto, que acho que a seleção brasileira pode me ouvir. De repente, ouço a Márcia cantando a mesma música na cela ao lado, a Cleide cantando do outro, Maria, Fabiana, Carol, Aline, Solange, Patrícia e todas as mães do pavilhão. Fátima deixou a porta da cela aberta, é hora de acordar os bebês. Corro até o pátio e canto alto olhando todos os corredores que dão acesso às celas. Os guardas soam os apitos. O jogo continua. O Brasil corre, as mães cantam, os bebês choram e Fátima abre o portão de trás. Os guardas continuam apitando e as mulheres continuam cantando. Ouço o coro de duzentas mulheres cantando a mesma música.

Rose veste uma roupa burlesca enquanto narra.

ROSE: Nesse momento eu me sinto poderosa, uma artista que eu sempre quis ser. Eu e todas as mães do pavilhão cantando juntas, num grande coral de mais de duzentas vozes. Todas as mães do pavilhão cantam a mesma música pra que Fátima abra o portão sem ser descoberta. Fátima se vai, ela precisa ir. Todas nós cantamos para que ela se vá com seu filho. Ela merece. Esse é o combinado. Fátima se vai!

Rose canta e dança ao som de uma paródia de "Cell Block Tango," do musical Chicago.

Nós combinamos (Nós combinamos)
Nós combinamos (Nós combinamos)
Quebrar as trancas e libertar
Depois de hoje, ninguém mais fica
Pegar as crias, sair e voar
(2x)

Vai até um microfone, apoiado em um pedestal. Fundo sonoro segue em um tom mais baixo. Aqui a atriz se coloca em cena.

ATRIZ: Brasil, o terceiro país do mundo com o maior índice de encarceramento em todos os regimes. Desde a década de 1990, o crescimento é de mais de 300% de pessoas presas. Mais de 700 mil pessoas encarceradas. Falta presídio e transborda gente. Boa parte dessa gente é preta, pobre e periférica. Preta, pobre e periférica! Gente jogada atrás das grades sem direito a julgamento prévio ou apuração de fatos. Às vezes, trancadas injustamente por reconhecimentos de fotos. Gente preta, presa injustamente por depoimentos em fotos. Imagina que você está no trabalho em horário de expediente, ou em casa com a sua família, e é algemado porque alguém te "reconheceu" no retrato falado. Porque preto é tudo igual, né? Tudo ladrão, tudo traficante, miliciano armado até os dentes. Te prendem por dias, meses e até anos. Celas abarrotadas de corpos pretos, expostos à marginalidade da favela. Vapor, Soldado, Armeiro, Fiel, Matuto e Portador, funções de bocas de fumo andando na corda bamba entre comer, ser preso e morrer. Agora imagina que parte desses corpos, precisamente 43% desses corpos pretos, tem seios, menstruam, vazam leite e sangue. Corpos que geram vida dentro de si. Em dez anos, o crescimento de mulheres presas é de 261%! Mulheres presas pelo Estado. Mulheres negras em estado de calamidade pública. Mulheres negras sem visita, sem amigos, sem família, abandonadas anos dentro da cadeia. Mulheres negras que muitas das vezes são presas por conta dos maridos, as "portadoras". São pegas com poucos gramas de maconha na boceta. Mulheres que fazem de tudo por seus companheiros e não recebem nada em troca. Mulheres negras presas! Vamos voltar um pouco: século XVII, auge da mão de obra escrava no Brasil. Mulheres negras escravizadas, estupradas, vendidas e ceifadas por homens brancos. Mulheres negras como corpo capital. Na época da escravidão, um bebê de uma mulher negra poderia custar muito dinheiro, ainda mais se nascesse homem. Quando estavam grávidas e iam pro tronco, cavava-se um buraco pra que elas pudessem se deitar de bruços e serem castigadas, mas sem prejudicar o bebê, a mercadoria. Galinha dos ovos de ouro! Mulheres que davam à luz no chão batido das senzalas. Às vezes, elas matavam os próprios filhos logo quando nasciam, pra que mais tarde não virassem escravizados. Vamos olhar para hoje: século XXI, mulheres negras agredidas, objetificadas, estupradas e mortas. Mulheres negras presas que dão à luz no chão gelado das celas. Mulheres negras presas que parem seus filhos atrás das grades. Mulheres que têm seus filhos arrancados aos 6 meses e disponibilizados na fila de adoção pública. Galinha dos ovos de ouro! A mulher presa e mãe é uma ameaça pra sociedade ou a prisão é uma ameaça pra mulher mãe e seu filho? *Serial killer* solto nas ruas, nas coberturas e nos ministérios e mulheres presas por conta de quatro gramas de maconha na boceta. Embarcadores de entorpecentes com migração direta lucrando na periferia e mulheres presas com quatro gramas de maconha na boceta. Quatro gramas de maconha na boceta! Empregadas domésticas negras que limpam casas de sequestradores e são presas como cúmplices. Mulheres negras que têm o quintal invadido pra guardar entorpecentes e são presas como cúmplices. Quem cuida dos filhos dessas mulheres? Quem garante referência materna pros filhos dessas mulheres? Telma Ferreira dos Santos, presa por ser usuária de drogas, teve o filho recém-nascido, Wesley, arrancado na delegacia com a desculpa de que seria encaminhado pro abrigo. Assinou um termo de agendamento de audiência, mas era uma autorização de adoção do filho por outra família. Enganada! Nunca mais viu o menino. Elaine Lopes Doricio, grávida na adolescência, foi expulsa de casa pela mãe aos seis meses de gestação. Se envolveu com as drogas e foi presa. Seu filho Kawan foi encaminhado pro abrigo. Dentro da cadeia, tentou notícias durante meses, sem sucesso. Perdeu seu filho. Paula Aparecida de Oliveira, usuária de drogas e moradora de rua, começou o trabalho de parto na avenida Liberdade, em São Paulo, sob efeitos do crack. Encaminhada ao hospital, teve seu filho Matheus sozinha na sala de parto sem assistência médica. Foi xingada e humilhada. Teve seu filho tirado dos seus braços pela assistente social e foi presa. Dentre dezenas e dezenas e dezenas de mulheres. A Lei nº 13.769, de 2018, prevista desde 2016 pelo Marco Legal da Primeira Infância, garante e substitui a prisão preventiva pela domiciliar pra mulheres gestantes ou mães responsáveis por crianças com até 12 anos de idade. A possibilidade de cuidar dos filhos em casa, de acompanhar o primeiro passo, o primeiro dentinho, o primeiro sorriso, o primeiro "eu te amo". Lei ignorada pelo Estado: apenas 15% das presas nessa condição recebem o benefício. Quando conseguem, precisam andar sempre com o alvará de soltura, apresentar sua carta de alforria sempre que necessário. Liberdade às mulheres presas por forças maiores de marginalidades impostas pelo Estado. Liberdade às mulheres vítimas do sistema machista e excludente nas filas dos presídios. Liberdade às mulheres que dão à luz nas celas e precisam entregar seus filhos aos 6 meses de vida. Liberdade aos bebês que já nascem presos e depois são tirados do afago da mãe. Liberdade ao futuro, à geração de mudança, à gota de esperança e existência dessas mulheres. Liberdade! Liberdade!

Rose volta a cantar a música afastando-se do microfone.

ROSE: As mulheres continuam cantando enquanto seus bebês choram, formando uma grande orquestra. Mais um gol do Brasil! Fogos de artifício do lado de fora do presídio. Num disparate, corro pro portão e vejo Fátima saindo. Ela me joga o molho de chaves, espreme os olhos novamente e se vai. As mulheres cantam! Cantam! Cantam! Ouço todas as mulheres por todas as partes do meu corpo e choro, ali, com um molho de chaves na mão, parada ao lado de um portão três vezes maior do que eu. Quero fugir, mas as mulheres não deixam. O Brasil faz mais um gol e o jogo chega ao fim. Milhares de fogos de artifício estouram no céu. Os guardas voltam aos fones de ouvido e comemoram. As mulheres entendem, o Brasil ganhou o jogo! O Brasil ganhou o jogo! É o momento perfeito! As mulheres saem das celas com seus filhos no colo e correm até o portão. Não dá tempo de preparar nada, é pegar a cria e sair. Eu abro as duas partes do grandioso mar e as mulheres saem correndo com seus bebês no colo. Fralda, chinelo e chupeta. Todas de camiseta branca. O céu se faz em cores com os fogos de artifício e a vitória da seleção brasileira. As mães correm na avenida iluminadas pelos fogos de artifício e as luzes amarelas dos postes. Não consigo contar, mas são muitas! A avenida pinta as silhuetas em movimento e, por um momento, eu tenho a sensação de estar vendo um quadro sendo pintado em tempo real pelas criaturas que se tornaram criadoras. As mulheres que fogem dos lobos. Aos poucos as fraldas, os chinelos, as camisetas brancas, as chupetas, as pernas e as perninhas somem no horizonte. As mulheres se vão. As mulheres desaparecem.

Breu.

9. CASAQUINHO

Rose é vista sentada na cadeira vermelha. Tira lentamente um casaquinho inacabado de lã vermelha de baixo da mesa. Tricota por um tempo.

ROSE: Três dias depois estou sentada na sala da Dona Glória tricotando um casaquinho de lã vermelha pra bebê da Isabela que acabou de nascer. Dona Glória não sai do telefone, conversa agora em um tom sério com alguém que parece ser seu chefe. Ela rabisca algo na agenda e volta pro telefone. Dona Glória disse que eu sempre a acalmo, principalmente nos momentos mais difíceis. Curiosamente, ela se sente confiante comigo à sua frente, tricotando ou pintando as unhas, mesmo sem falar uma palavra. Hoje Dona Glória está sem esmalte nas unhas e seus cabelos estão presos com um prendedor verde de seis dentes. Ela fala no telefone afirmando com a cabeça sem muita vontade. Olha pra mim, olha pros papéis, olha pro casaquinho que estou tricotando e volta a falar no telefone. Depois de um tempo desliga o telefone em silêncio. Daí fala sem vírgulas. Fala sobre a fuga, seu chefe e a advertência que tomou. Me pergunta sobre a Fátima, se eu não vi nenhuma movimentação e o porquê de eu não ter fugido. Eu digo o mesmo texto que ensaiei na minha cela durante dias, sobre a profunda decepção com Fátima e o desespero que senti quando vi a confusão de fogos e mulheres ao mesmo tempo. Ela se convence, inclinando o corpo pra trás, mas diz que terá de tomar alguma providência, que vai cancelar as transferências e o acesso ao telefone semanal.

Se afasta da mesa.

ROSE: Minhas mãos param de dançar com a agulha. Pensar em perder o telefone me faz suar feito o calor das xícaras de café. Tricoto vagarosamente o casaquinho enquanto Dona Glória fala sobre o ocorrido. Meus pensamentos vêm e vão numa velocidade impressionante. Eu não posso ficar sem falar com os meus filhos. Continuo tricotando o casaquinho pensando que, se um dia eu sair daqui, levarei o telefone junto.

Rose senta-se na cadeira vermelha.

ROSE: Dona Glória muda de assunto tentando se aliviar da tensão e comenta sobre o jogo do Brasil, sobre como a seleção está forte, e que semana que vem tem jogo novamente. A final da Copa do Mundo! Me levanto e sigo em direção à água que está fervendo, passo o café, olho o pátio pelo vitrô e sinto uma raiva subir pelas minhas pernas a ponto de me fazer tremer. Dona Glória continua falando do jogo enquanto eu olho pro pátio. Lembro do canto das mulheres preenchendo todo o pavilhão e volto pra mesa com as xícaras de café. Levanto o casaquinho de lã vermelha na altura dos meus olhos e penso que precisa ficar bem quentinho na bebê da Isabela.

Segura o casaquinho na altura dos olhos. Breu.

Rose é vista sentada na cadeira preta no canto esquerdo com o casaquinho na altura dos olhos. Há uma lâmpada acesa acima de sua cabeça. Tricota por um tempo.

ROSE: Sim, senhor, eu já estava indo dormir. Foi à noite, acredito que por volta das nove e meia...

Pausa. Tricota o casaquinho.

ROSE: Quantas? [*pausa breve*] Cinquenta... Nossa, é muita gente! E se você contar com os bebês, dá quase cem, né? Fuga de saudade! É... complicado. Mas eu não aprovo, não, veio pra cá tem que aguentar o B.O. O bebê não tem culpa, né? tem que ir embora depois de um tempo. Mas as cadelas têm que pagar a dívida.

Pausa. Tricota o casaquinho.

ROSE: Eu soube que o Brasil ganhou de 5×3. Acordei com os fogos de artifício. Pelo menos isso, né? Dona Glória disse que as semifinais já terminaram e que agora começa a final. Vai ser puxado!

Dá o último ponto no tricô, um nó de três voltas, quebra o fio de lã e olha o casaquinho.

ROSE: É... se o Brasil jogar semana que vem, tomara que ele vença!

Puxa a corda suspensa do lado direito.

Breu.

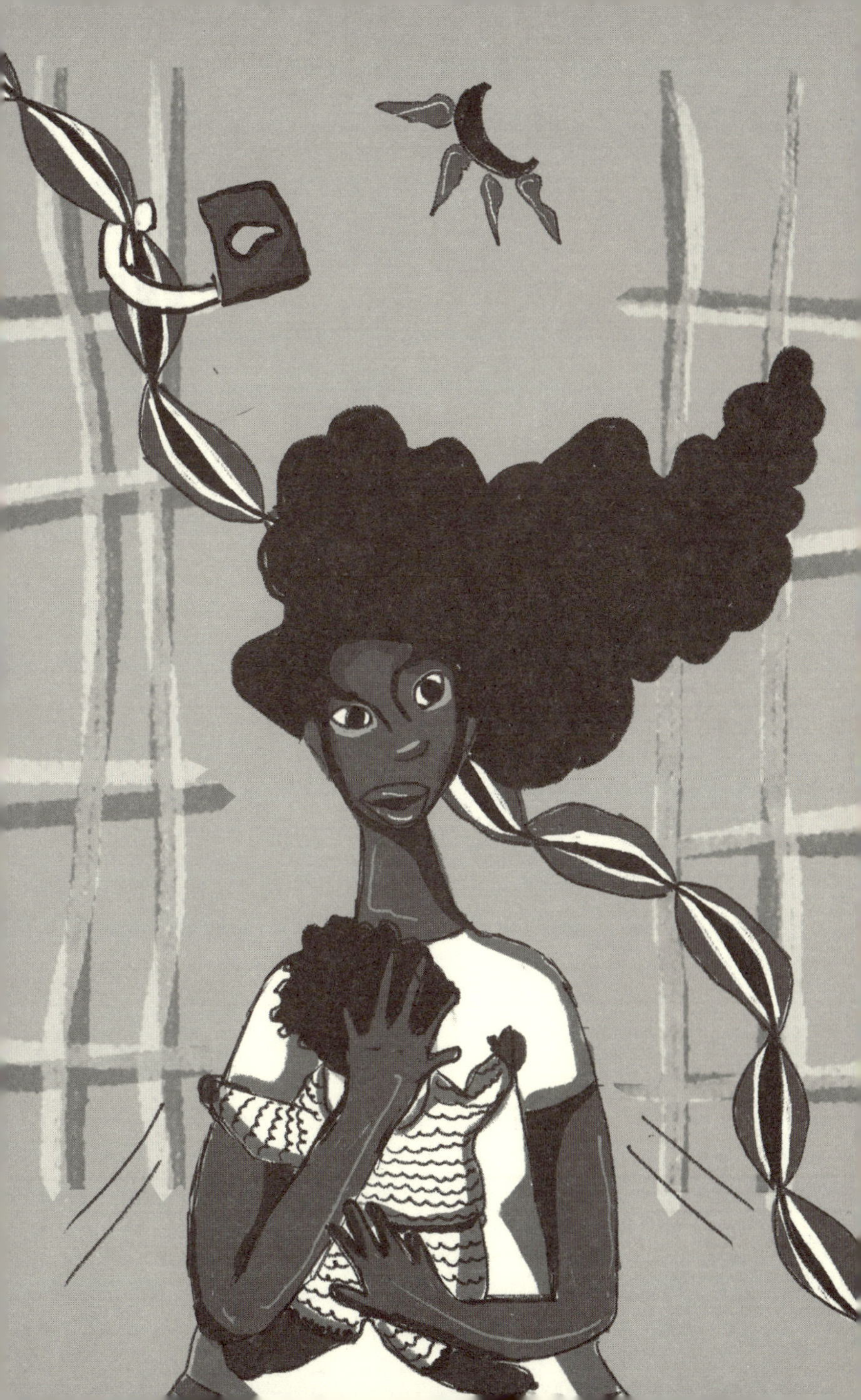

Glossário

1. **Larápias:** feminino de larápio; ladrão; indivíduo que rouba, que realiza furtos.

2. **Furdunço:** algazarra, confusão.

3. **Jumbo:** conjunto de itens de alimentação, limpeza, higiene e roupas enviado para as(os) detentas(os) nas penitenciárias.

4. **Corró:** cela, xadrez.

5. **Boieiras:** responsáveis por preparar e/ou servir as refeições nas penitenciárias.

Voltando ao ponto de partida

O perfil das mulheres presas nesta obra não foge à regra do perfil geral do encarcerado mostrado ao longo da história de uma sociedade patriarcal, racista e capitalista: são mulheres jovens, pobres e em sua maioria negras que, por crimes diversos relacionados à sua própria condição de vulnerabilidade social, acabam aprisionadas, muitas vezes sendo as únicas mantenedoras da família e tendo seus filhos deixados à mercê de serem criados longe do convívio da mãe. Cada uma dessas mulheres tem uma história por trás de seus históricos de crimes, e toda história, sendo ela boa ou não, merece ser contada. A história de Rose, encarcerada grávida, é comum entre as mulheres que têm seus parceiros presos. Esposas, mães, filhas que acabam envolvidas com o crime por amor aos seus, os quais, por sua vez, veem nesse sentimento, que nem sempre é recíproco, uma oportunidade para coagi-las a traficar ou levar objetos proibidos para dentro do presídio, com a promessa de uma vida melhor e com mais conforto, sem pensar no que pode acontecer: caso dê errado essas mulheres são privadas da liberdade e da convivência familiar. Ser presa com o filho de outro condenado na barriga é um drama que acomete centenas de mulheres, e muitas crianças já nasceram ou nascerão atrás das grades.

O direito de estar preso com a mãe, mesmo que por pouco tempo, é uma conquista dos pequenos, por mais contraditório que pareça. Imagino que se os bebês tivessem autonomia para escolher, prefeririam cumprir toda a pena nos braços de suas mães a viver a dura e traumática separação. Crianças que são criadas pelas mães, mesmo dentro dos presídios, têm vantagens a curto e longo prazo – adquirem um senso de segurança e estabilidade e sofrem menos de depressão e ansiedade se comparadas às que são retiradas das mães precocemente. Os danos causados por essa separação, com o enfraquecimento dos vínculos afetivos, podem causar nessas crianças problemas na escolaridade e perturbações psicológicas que, juntamente com as condições de vulnerabilidade causadas pela sociedade, a longo prazo as levam a buscar refúgio nas drogas e a cometer pequenos delitos para manter o vício, voltando assim ao ponto de partida: o cárcere. Desta forma, as filas de "Roses" só aumentam.

Já as mães encarceradas são esquecidas à própria sorte quando são presas. Infelizmente, ainda hoje, existe o estereótipo de que mulher não foi criada para ser presa e por consequência as famílias toleram e visitam um encarcerado homem, mas uma filha, mãe, irmã ou esposa geralmente não é tolerada nem visitada. Um bom exemplo disso é a diferença discrepante entre as filas em dia de visitas nas penitenciárias masculinas e femininas. Enquanto nos presídios masculinos mulheres dormem na portaria, no chão duro, disputando espaço com outras mulheres para conseguir entrar antes do encerramento do horário de visitação, no presídio feminino nem é preciso competição, já que não existe concorrência – a visita é escassa, com poucos gatos-pingados, na sua maioria mulheres, geralmente as mães das detentas que foram levar notícias dos filhos arrancados de seus seios ainda bebês, que dos males é o menor. O sofrimento é ainda maior quando não existe um familiar que acolha os pequenos. Nesse caso, as crianças vão parar em abrigos e acabam entrando no sistema de adoção sem o consentimento e nem sequer o conhecimento das mães, onde acabam afastados para sempre de suas genitoras. Infelizmente, muitas dessas mulheres são abandonadas pelos seus parceiros quando são presas, mesmo que a prisão tenha acontecido por conta de uma inconsequência por amor a ele. Grande parte das histórias contadas pelas detentas é parecida com a que Rose nos conta: mulheres que passam por humilhação e constrangimento para não abandonar seus parceiros presos, que fazem todo um ritual nos fins de semana, preparando comida, dormindo com filhos pequenos sem nenhum conforto na porta do presídio, ficando nuas ao lado de pessoas estranhas, sendo expostas da pior forma que uma mulher pode ser, na sua intimidade. O constrangimento ao qual a mulher é exposta em uma visitação ao presídio é sem dúvida terrível, digo por experiência.

Já fui uma "Rose". Não no cárcere, mas no ritual de visita e nos constrangimentos sofridos durante a revista. Passei por todas as etapas do ritual, desde a preparação da comida, que tinha de ser levada em vasilhas plásticas transparentes com tamanhos padrões para passar por uma pequena abertura, até dormir na porta do presídio disputando espaço no chão com várias outras mulheres a fim de forrar um lençol. Quando amanhecia, antes de iniciar a entrada, a disputa era por um banheiro fedido e apertado – além de escovar os dentes, a pia do banheiro servia também para o banho, pois já que seríamos quase viradas do avesso, tínhamos de estar com as partes íntimas limpas. Quando batia a hora da entrada, se formava uma fila por ordem de chegada, geralmente controlada por uma das visitantes. Na noite anterior, conforme íamos chegando, eram anotados nossos nomes e nosso número na fila, e na manhã seguinte era feita a chamada. Assim ia se formando a fila em ordem para as que haviam dormido lá. Alguns visitantes que chegavam de manhã, em sua maioria mulheres, esperavam a chamada das que passaram a noite e só depois entravam na fila. Após a primeira entrada, onde era apresentada a documentação que ficava retida juntamente com a carteirinha com os dados do visitante e dos detentos, indicando também número do raio e da cela, nos era dado um ticket para a retirada dos documentos na saída, quando dávamos baixa na visita. Na sequência, seguíamos para a fila da entrega da comida, onde íamos tirando os potes transparentes das sacolas e passando-os por um pequeno quadrado. Se a vasilha não passasse pelo espaço, era devolvida para o visitante, que muitas vezes a jogava no lixo para não perder o lugar na fila. A revista da comida era detalhada, tudo era revistado, furado e remexido com o mesmo garfo em todas as comidas pelos agentes, que muitas vezes devolviam comidas proibidas, como carne com ossos, lasanhas, panquecas ou bolos recheados. Junto à comida e ao refrigerante, que não podia ser de cola, eram entregues também cigarros que as famílias levavam mesmo que o preso não fumasse, já que o cigarro é uma importante moeda de troca dentro do presídio. Com ele, o detento pode conseguir algum outro produto de que esteja precisando, como sabonete, barbeador, desodorante etc. Os cigarros tinham que ser retirados dos maços e colocados em saco plástico transparente.

O jumbo era entregue em determinado dia da semana, quando os familiares mandavam produtos de higiene e alimentos como pães, bolachas, achocolatados, açúcar, queijo, manteiga, leite em pó e também cigarros. Os produtos enviados por meio do jumbo também tinham de ser retirados das embalagens e colocados em sacos transparentes ou em frascos de plástico sem rótulos, no caso de produtos pastosos. Os sabonetes eram cortados ao meio pelos agentes e os cremes dentais eram abertos e cheirados. O desodorante antitranspirante só podia ser entregue em embalagem transparente, com o líquido à mostra. Com o jumbo, também é possível mandar roupas, roupas de cama e cobertores, desde que nas cores-padrão de cada presídio. A entrega pode ser feita direto na portaria do presídio ou enviada por correio.

Após a revista da comida, era entregue um número, com o qual cada visitante identificaria sua sacola de alimentos depois de passar pela revista. A revista, na minha opinião, era a pior parte. Eles chamavam um grupo de quatro mulheres que entravam juntas em uma sala com uma agente feminina e eram orientadas a retirar a roupa e sacudi-la peça por peça. Os chinelos de borracha flexível deveriam ser dobrados para cima e para baixo, mostrando a sola, e os cabelos deveriam ser sacudidos e jogados para a frente. As mulheres se produziam todas e chegavam lá dentro todas descabeladas. Após esse ritual, agachavam de cinco a sete vezes em cima de um espelho, enquanto passavam um detector de metais em volta de seus corpos. Se o detector apitasse, a mulher era retirada da sala e encaminhada a um hospital, acompanhada dos agentes, para fazer um raio X, e se no exame constasse algo ela era imediatamente detida. Pude presenciar algumas dessas situações em que o detector apitou durante a revista de visitantes, porém não tive informações do desfecho. Após passar por todo esse constrangimento, as mulheres retiravam o alimento entregue lá na frente e seguiam para o raio onde seu parente se encontrava. Nesse percurso, passavam por várias gaiolas de poucos metros, todas com detectores onde toda aquela leva de quatro mulheres da revista entravam, e a porta era fechada atrás para só então eles abrirem uma outra porta à frente, e assim sucessivamente até chegarem ao local da visita.

Atualmente as revistas para adentrar um presídio estão mais brandas e menos invasivas, com máquinas de raios X e sensores que descartam a necessidade de retirar a roupa ou agachar em cima de um espelho. No entanto, ainda considero constrangedor o tratamento com os visitantes, que por muitas vezes são tratados com soberba, autoritarismo e má vontade por parte dos agentes, que nos marginalizam pelo fato de estarmos visitando um parente detento.

A população carcerária feminina, assim como a masculina, infelizmente só aumenta com o passar dos anos, formando assim novas "Roses", seja a "Rose" no ritual para visitação do parceiro, seja a "Rose" encarcerada com o coração destroçado entregando seu bebê, seu amor maior, para um familiar ou um estranho, sem certezas e sem esperança de ver o filho crescer. Tendo Rose que acompanhar o crescimento de seus filhos pelos 15 minutos de telefonemas semanais, sendo obrigada a deixar a filha mais velha aos cuidados de sua família e tendo vivido o trauma de abrir mão do seu bebezinho aos 6 meses de vida, nascido também condenado a deixar os braços de sua mãe vazios e os seios cheios de leite, sua única referência ainda na primeira infância. Rose não podia mais suportar ver seus amados umbiguinhos que viu nascer e suas genitoras tendo a mesma condenação que feriu mortalmente sua alma. Já que não pôde tricotar touquinhas e casaquinhos para o seu filhinho, esquentando e acalentando seu umbiguinho nos dias frios, se conforma em ver os bebês de suas companheiras de cárcere quentinhos e aconchegados. A touquinha foi terminada com sucesso juntamente com o jogo do Brasil, basta saber se o casaquinho vermelho vai aquecer o filho de Isabela no próximo jogo.

Crescemos aprendendo que a prisão é um lugar para onde são mandados infratores, marginais, ou, melhor dizendo, bandidos, mas será que Rose não é só uma vítima de um capitalismo machista e de uma sociedade punitivista para um cidadão com pouco ou nenhum poder aquisitivo?

Rosangela Salaberg[*]

---

[*] Rosangela Salaberg é pedagoga, formada pela Universidade Cruzeiro do Sul. Desde 2012 é servidora pública municipal como auxiliar técnica de educação em um centro de educação infantil em Guaianases, extremo leste de São Paulo, onde vive desde que nasceu.

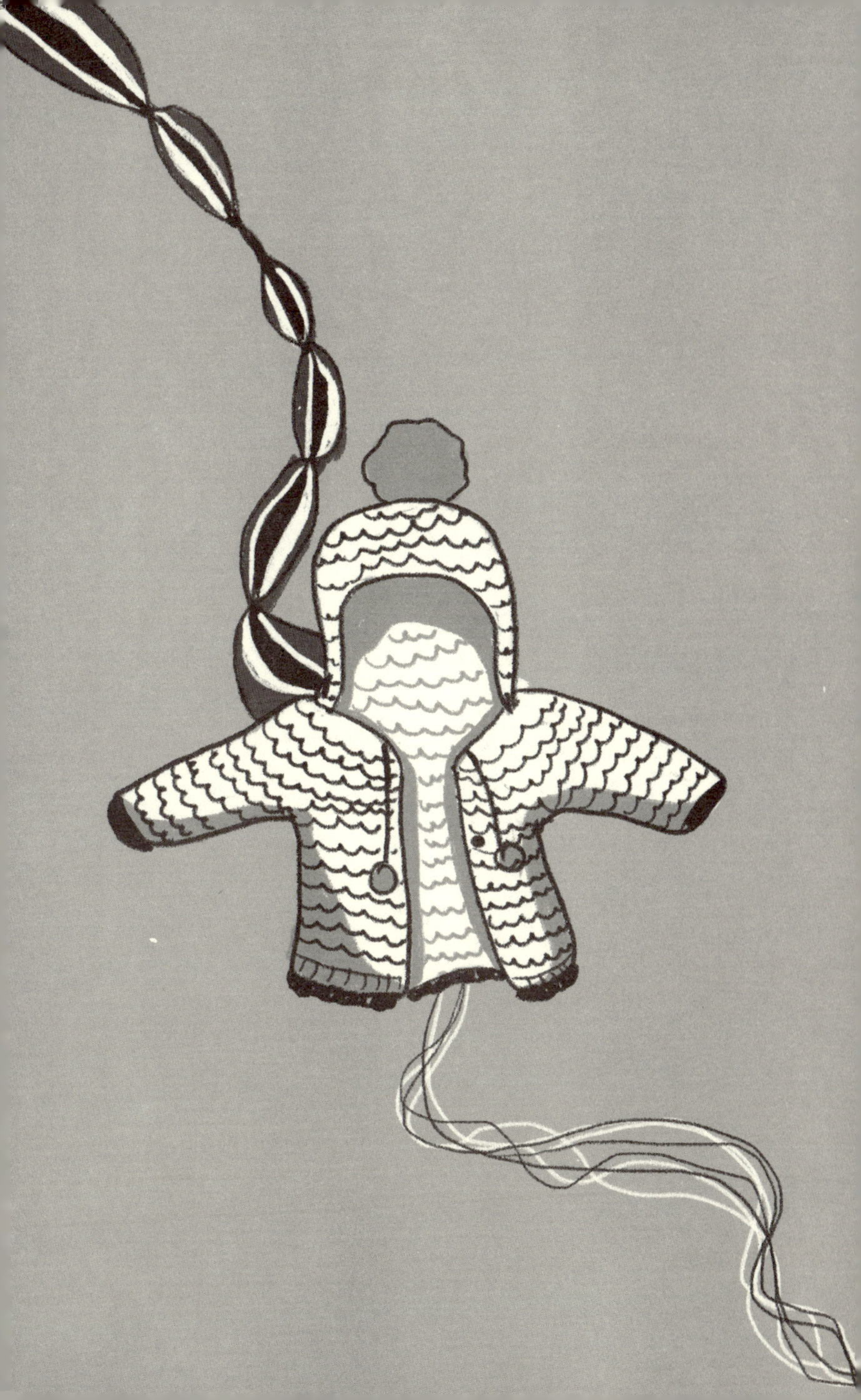

© Editora de Livros Cobogó, 2021

Editora-chefe
Isabel Diegues

Editora
Mariah Schwartz

Produção executiva
Ulisses Dias

Gerente de produção
Melina Bial

Revisão final
Eduardo Carneiro

Projeto gráfico de miolo e diagramação
Mari Taboada

Capa
Rafael Cristiano

Ilustrações
Isabela Alves

CIP-BRASIL. CATALOGAÇÃO-NA-FONTE
SINDICATO NACIONAL DOS EDITORES DE LIVROS, RJ

S153p
Salaberg, Jhonny
Parto Pavilhão / Jhonny Salaberg - 1. ed. - Rio de Janeiro : Cobogó, 2021.
(Dramaturgia)
ISBN 978-65-5691-029-1

1. Teatro brasileiro. I. Título. II. Série.

20-63538
CDD: 869.2
CDU: 82-2(81)

Leandra Felix da Cruz Candido - Bibliotecária - CRB-7/6135

Nesta edição, foi respeitado o Acordo Ortográfico da Língua Portuguesa de 1990, que entrou em vigor no Brasil em 2009.

Todos os direitos em língua portuguesa reservados à
Editora de Livros Cobogó Ltda.
Rua Gen. Dionísio, 53, Humaitá,
Rio de Janeiro, RJ, Brasil — 22271-050
Tel. +55 21 2282-5287
www.cobogo.com.br

Outros títulos desta coleção:

[COLEÇÃO DRAMATURGIA]

ALGUÉM ACABA DE MORRER LÁ FORA, de Jô Bilac

NINGUÉM FALOU QUE SERIA FÁCIL, de Felipe Rocha

TRABALHOS DE AMORES QUASE PERDIDOS, de Pedro Brício

NEM UM DIA SE PASSA SEM NOTÍCIAS SUAS, de Daniela Pereira de Carvalho

OS ESTONIANOS, de Julia Spadaccini

PONTO DE FUGA, de Rodrigo Nogueira

POR ELISE, de Grace Passô

MARCHA PARA ZENTURO, de Grace Passô

AMORES SURDOS, de Grace Passô

CONGRESSO INTERNACIONAL DO MEDO, de Grace Passô

IN ON IT | A PRIMEIRA VISTA, de Daniel MacIvor

INCÊNDIOS, de Wajdi Mouawad

CINE MONSTRO, de Daniel MacIvor

CONSELHO DE CLASSE, de Jô Bilac

CARA DE CAVALO, de Pedro Kosovski

GARRAS CURVAS E UM CANTO SEDUTOR, de Daniele Avila Small

OS MAMUTES, de Jô Bilac

INFÂNCIA, TIROS E PLUMAS, de Jô Bilac

NEM MESMO TODO O OCEANO, adaptação de Inez Viana do romance de Alcione Araújo

NÔMADES, de Marcio Abreu e Patrick Pessoa

CARANGUEJO OVERDRIVE, de Pedro Kosovski

BR-TRANS, de Silvero Pereira

KRUM, de Hanoch Levin

MARÉ/PROJETO bRASIL, de Marcio Abreu

AS PALAVRAS E AS COISAS, de Pedro Brício

MATA TEU PAI, de Grace Passô

ÃRRÃ, de Vinicius Calderoni

JANIS, de Diogo Liberano

NÃO NEM NADA, de Vinicius Calderoni

CHORUME, de Vinicius Calderoni

GUANABARA CANIBAL, de Pedro Kosovski

TOM NA FAZENDA, de Michel Marc Bouchard

OS ARQUEÓLOGOS, de Vinicius Calderoni

ESCUTA!, de Francisco Ohana

ROSE, de Cecilia Ripoll

O ENIGMA DO BOM DIA, de Olga Almeida

A ÚLTIMA PEÇA, de Inez Viana

BURAQUINHOS OU O VENTO É INIMIGO DO PICUMÃ, de Jhonny Salaberg

PASSARINHO, de Ana Kutner

INSETOS, de Jô Bilac

A TROPA, de Gustavo Pinheiro

A GARAGEM, de Felipe Haiut

SILÊNCIO.DOC, de Marcelo Varzea

PRETO, de Grace Passô, Marcio Abreu e Nadja Naira

MARTA, ROSA E JOÃO, de Malu Galli

MATO CHEIO, de Carcaça de Poéticas Negras

YELLOW BASTARD, de Diogo Liberano

SINFONIA SONHO, de Diogo Liberano

SÓ PERCEBO QUE ESTOU CORRENDO QUANDO VEJO QUE ESTOU CAINDO, de Lane Lopes

SAIA, de Marcéli Torquato

DESCULPE O TRANSTORNO, de Jonatan Magella

TUKANKÁTON + O TERCEIRO SINAL, de Otávio Frias Filho

SUELEN NARA IAN, de Luisa Arraes

SÍSIFO, de Gregorio Duvivier e Vinicius Calderoni

A MULHER ARRASTADA, de Diones Camargo

HOJE NÃO SAIO DAQUI, de Cia Marginal e Jô Bilac

COLEÇÃO DRAMATURGIA FRANCESA

É A VIDA, de Mohamed El Khatib | Tradução Gabriel F.

FIZ BEM?, de Pauline Sales | Tradução Pedro Kosovski

ONDE E QUANDO NÓS MORREMOS, de Riad Gahmi | Tradução Grupo Carmin

PULVERIZADOS, de Alexandra Badea | Tradução Marcio Abreu

EU CARREGUEI MEU PAI SOBRE MEUS OMBROS, de Fabrice Melquiot | Tradução Alexandre Dal Farra

HOMENS QUE CAEM, de Marion Aubert | Tradução Renato Forin Jr.

PUNHOS, de Pauline Peyrade | Tradução Grace Passô

QUEIMADURAS, de Hubert Colas | Tradução Jezebel De Carli

COLEÇÃO DRAMATURGIA ESPANHOLA

A PAZ PERPÉTUA, de Juan Mayorga | Tradução Aderbal Freire-Filho

ATRA BÍLIS, de Laila Ripoll | Tradução Hugo Rodas

CACHORRO MORTO NA LAVANDERIA: OS FORTES, de Angélica Liddell | Tradução Beatriz Sayad

CLIFF (PRECIPÍCIO), de José Alberto Conejero | Tradução Fernando Yamamoto

DENTRO DA TERRA, de Paco Bezerra | Tradução Roberto Alvim

MÜNCHAUSEN, de Lucía Vilanova | Tradução Pedro Brício

NN12, de Gracia Morales | Tradução Gilberto Gawronski

O PRINCÍPIO DE ARQUIMEDES, de Josep Maria Miró i Coromina
Tradução Luís Artur Nunes

OS CORPOS PERDIDOS, de José Manuel Mora | Tradução Cibele Forjaz

APRÈS MOI, LE DÉLUGE (DEPOIS DE MIM, O DILÚVIO), de Lluïsa Cunillé | Tradução Marcio Meirelles

2021

———————————

1ª impressão

Este livro foi composto em Univers.
Impresso pela Imos Gráfica
sobre papel Papel Polén Bold 90g/m².